VENTE
DU
Vendredi 1er Mai 1903

HOTEL DROUOT, SALLE N° 9

A 2 HEURES

DESSINS

ANCIENS ET MODERNES

Aquarelles, Gravures et Lithographies

MODÈLES D'ARMOIRIES EN BRONZE

Panneaux Armoriés

LIVRES ET DOCUMENTS DIVERS

intéressant la Carrosserie

provenant de la Maison BINDER

Me **LAIR-DUBREUIL**, Commissaire-Priseur

M. **DANLOS**, Expert.

EXEMPLAIRE D'ALFRED BEURDELEY

PARIS. — Imp. MÉNARD et CHAUFOUR

C. CHAUFOUR, Successeur

8-10, rue Milton

CATALOGUE

DES

DESSINS

Anciens et Modernes

AQUARELLES, GRAVURES ET LITHOGRAPHIES

Modèles d'Armoiries en bronze ciselé

Panneaux armoriés

LIVRES HÉRALDIQUES — DICTIONNAIRES — DOCUMENTS DIVERS

intéressant la Carrosserie

dont la vente aux enchères publiques aura lieu

par suite de cessation d'exploitation de la Maison **Binder**

HOTEL DROUOT, SALLE N° 9

Le Vendredi 1er Mai 1903, à 2 heures

Mᵉ F. LAIR-DUBREUIL	M. DANLOS
COMMISSAIRE-PRISEUR	EXPERT
6, *Rue de Hanovre*, 6	*15 — Quai Voltaire — 15*

Chez lesquels se distribue le présent catalogue

EXPOSITION PUBLIQUE

Le Jeudi 30 Avril 1903, de 2 heures à 6 heures

CONDITIONS DE LA VENTE

La vente sera faite au comptant.

Les acquéreurs paieront *dix pour cent* en sus des prix d'adjudication.

L'exposition mettant le public à même de se rendre compte de l'état des objets, il ne sera admis aucune réclamation une fois l'adjudication prononcée.

Paris. — Imprimerie artistique C. CHAUFOUR, 8-10, rue Milton.

DÉSIGNATION

DESSINS

AUBRY (Ch.)

1. Diligence, 1823.

> A la mine de plomb et au lavis de bistre. On y a joint lithographie du maître.

BERAIN ? (J.)

2. Cheval harnaché et empanaché.

> Au lavis de couleurs.

CARASSI (Ant.)

3. Projet du carosse destiné au Sacre du Roi Louis XVIII ; il est attelé d'un cheval donnant le dessin des harnais.

> Superbe et très importante aquarelle rehaussée d'or et d'argent. Signée et datée 1816.
>
> Larg. : 1m38. Haut. : 0m60.

CARASSI (Ant.)

4. Dessin d'un coupé de gala suspendu, attelé d'un cheval richement harnaché, avec siège à housse et
caisse décorée d'une peinture allégorique.

> Très belle aquarelle rehaussée d'or et d'argent. On lit, dans
> la marge, l'inscription suivante : *Dessiné par Antoine* CARASSI
> *rue du Mont-Blanc, n° 68, Chossé Dantin, à Paris.*
> Larg. : 0^m81. Haut. : 0^m45.

CARASSI (Ant.)

5. Elévation, plans et projets d'un Duc à huit ressorts,
aux armes du Roi Louis XVIII, avec siège à housse ;
il est attelé **de** deux chevaux.

> Aquarelle rehaussé d'or et d'argent. Signée : *Composé et
> dessiné par Antoine* CARASSI, *rue Neuve des Mathurins,
> cul de sac de la Ferme, n° 6, à Paris.*

DESMAREST

6. La Promenade royale.

> Le Roi et la Reine (Louis XIV et Marie-Thérèse ?) dans un
> carosse, attelé de six chevaux, précédé et suivis de nom
> breux officiers, gentilhommes et valets.
> Très beau et très intéressant dessin, en forme de frise, au
> lavis d'encre de Chine.
> Cadre ancien en bois doré et sculpté.

ECOLE FRANÇAISE XVIIe SIÈCLE

7. Le Roi Henri IV et cinq personnages de la Cour
dans un carosse.

> Joli petit dessin au lavis de bistre.

ECOLE FRANÇAISE, XVIIIᵉ SIÈCLE

8.   Dessins de voitures, époque Louis XVI.

Vingt dessins très finement exécutés au lavis de couleurs, ils sont des plus intéressants par la diversité des formes et les détails de l'ornementation.

ECOLE FRANÇAISE, XIXᵉ SIÈCLE

9.   Elevation, plans et coupes d'une voiture·
(Louis XVIII).

Très importante aquarelle rehaussée d'argent.
Larg. : 1ᵐ. Haut. : 0ᵐ64.

10.   Dessins de harnais, époque de la Restauration et de
l'Empire

Sept dessins, au lavis d'encre de Chine et de sépia, rehaussés d'or et d'argent.

11.   Berline à huit ressorts avec doubles motifs de glaces,
siège à housse et armoiries.

Aquarelle rehaussée d'or et d'argent.

12.   Le départ pour la promenade.

Joli dessin au lavis de sépia.

LECOMTE (H.)

13.   Diligence attelée de quatre chevaux.

Très beau et important dessin à la plume. A été lithographié avec quelques changements par le maître.
Larg. : 0ᵐ85. Haut. : 0ᵐ45.

MOITTE

14. Armoiries Royales, accotées des figures de Minerve
et de l'Industrie.

A l'encre de Chine. Signé et daté 1788.

15. Sous ce numéro, il sera vendu de nombreux et beaux
dessins par Lessaché et autres artistes, des
photographies d'armoiries ou de voitures de gala,
projetées ou ayant été exécutées pour différentes
Cours et Personnages de marque.

Sera divisé.

GRAVURES ET LITHOGRAPHIES

ADAM (V.)

16. Voitures. 29 pièces.

Très belles épreuves, noires et coloriées.

AUBRY et LOEILLOT

17. Voitures publiques et privées. 10 lithographies publiées chez *Delpech et Villain*.

Très belles épreuves noires et coloriées,

BÉRAIN (J.)

18. Premier des magnifiques carosses de Monseigneur
le duc d'Ossuna. Suite complète de sept planches
gravées par B. Picart.   *125*

> Très belles épreuves. On a joint l'autographe du marché
> (signé et accepté par les parties en janvier 1739) passé
> entre M. le Duc d'Ossuna, capitaine au Régiment de Condé
> et le sieur Delescluze carossier, pour la fabrication d'une
> chaise de poste.

GERICAULT (A Th.)

19. Cheval que l'on promène avant la course, 1er épr. —
Le charriot à charbon — Le Maréchal flamand —
Cheval hargneux muselé. — Les Boueux. — Chevaux de ferme — Cheval mort. — Sept lithographies publiées chez *Villain et Engelman*.   *5 2*

> Très belles épreuves.

LAMI (E.)

20. Six quartiers de Paris. Suite complète de six lithographies, plus le titre, publiées chez *Delpech*.   *180 Bouïn*

> Très belles épreuves coloriées, le titre en noir.

21. Recueil de voitures publiques. Suite complète de
douze lithographies, dans leur couverture de publi-
cation, publiées chez *Delpech*.   *450 Morgand*

> Très belles épreuves en noir.

22. Un cheval ombrageux. — Une file. — Au Diable la
la poussière. — Le harnais neuf. — Un Marchand
de chevaux anglais. — Tilbury. — Coupé. —
La Grande allée, etc., dix pièces lithographiées.

Très belles épreuves, noires et coloriées.

LAMI (E.)

23. Cheval attelé à un tilbury se cabrant. Pièce très rare
gravée à la manière du lavis.

Très belle épreuve très soigneusement coloriée.

LECOMTE (H.)

24. Diligence attelée de quatre chevaux. *Lith. de Dela
rue.*

Très belle épreuve, coloriée, d'une très grande et très belle
pièce fort rare.

LOEILLOT-HARTWIG (K.)

25. Les nouvelles voitures publiques de Paris. Quatorze
lithographies (N°s 1 à 14) publiées *chez Gihaut.*

Belles épreuves en noir.

26. Entrée de Charles X à Paris après le sacre (1825).
Lith.. deGihaut.

Belle épreuve sans marge. Fort rare.

LEPRINCE (X.)

27. Les inconvénients d'un voyage en Diligence. Suite
complète de douze lithographies.

Très belles épreuves coloriées.

MEULEN (d'après Van Der)

28. Marche du Roy accompagné de ses gardes, passant **5**
     sur le Pont Neuf et allant au Palais. Grande pièce,
     en trois feuilles, gravée par Huchtemburg.

Ancienne et très belle épreuve.

PERCIER (d'après)

29. Voiture du Sacre de S. M. Charles X. *Lith. de Se-* **20**
     nefelder.

Epreuve coloriée. Rare.

POLLARD (J.)

30. *The mail coach changing Horses — The Taglioni Wind-* **200**
     sor coach. Deux pièces gravées par G. Reeve.

Anciennes et très belles épreuves en couleur.

RAFFET (A.)

31. Voitures publiques. Suite de huit lithographies dont **85**
     nous ne possédons que six.

Très belles épreuves noires et coloriées.

SWEBACH-DESFONTAINES (J.)

32. L'Arrivée à la foire. — La Promenade. Deux **50**
     lithographies en largeur.

Très belles épreuves avant toutes lettres.

STADLER ? (J.)

65 D

33. Vue de la maison dite *High Shoi houşe* à Twicken-
ham, occupée par S. A. S. Monseigneur le duc
d'Orléans depuis l'an 1800 jusqu'à l'année 1807.

Très belle épreuve en couleur.

WÉIGEL (Ch.)

34. Traineaux et ornements divers. 11 pièces.

Très belles épreuves.

VERNET (H.)

90 D.

35. A Stage coach. — Malle poste. Deux grandes pièces
faisant pendants. *Lith. de Delpech.*

Très belles épreuves.

75 Mathias

36. Dessins de voitures. Trente-quatre pièces par et d'a-
près De La Londe, Vanerve, Lucotte, Haberman
et autres artistes.

Très belles épreuves.

7 +,35

37. Dessins de voitures. Vingt et une pièces anglaises
et françaises par et d'après Rowlandson, H. Mon-
nier, C. et H. Vernet, etc.

Belles épreuves noires et coloriées.

LIVRES HÉRALDIQUES

ALPHABETS, CHIFFRES

38. **Barra (H.).** « Le Blason des Armoiries auquel est monstrée la manière que les Anciens et Modernes ont usé en icelles..., revu corrigé et augmenté en ceste dernière édition par B. R. D. E. L. R. ». *A Paris chez Rolet Boutonne... 1628.* In-f° vel.

> Nombreuses planches sur bois dans le texte.

39. **Bescherelle Aîné.** Dictionnaire national ou Dictionnaire universel de la langue française. *Paris, Garnier frères,* 1856. 2 vol. in-4° dem. vel.

40. **Chopart (J.-F.)** « L'Art des voitures enseigné par différents desseins D'y celles et des ses parties » (Titre manuscrit). In-f° vel. fil. et orn. dor. sur les plats.

> Deux suites très rares, l'une de treize, l'autre de douze pièces, éditées par N. J. B. de Poilly.

41. **Demengeot (Ch.).** Album de chiffres, 33 pl. — Rec. complet de chiffres modernes à deux lettres. 35 pl. 2 vol. in-f° et in-4° dem. rel.

42. **Fairbairn.** « Fairbairn's Crest or the families of Great Britain and Ireland, revised by. Laurence

Butters ». *Edimburgh, 1860.* 1 vol. de texte et
1 vol. de pl. in-4° cart.

43. **Felton (W.).** « A teatrise on carriages compre-
hending coaches charists, phaétons, curricles,
whiskies, etc., together with their proper harness...
London, 1796 ». 2 vol. in-8° avec de nombreuses
planches. (Reliure fat.).

44. **Geliot (Louvan).** La vraiye et parfaite science des
armoiries, augmenté par P. Palliot. *Dijon, Paillot
et Paris, Frédéric Léonard, 1664.* In-f° veau f.

> Nombreuses planches dans l'intérieur et en dehors du
> texte.

45. **Gerlach (Martin).** Le Monogramme industriel,
2e édition. *Vienne, Gerlach et Cie.* 110 pl. In-f° cart.

46. **Hozier (D') père et Ant. Mar. d'Hozier de
Sérigny fils.** Armorial général de la France.

> Réimpression de Didot frères, fils et Cie. en fac-similé de
> l'édition originale publiée de 1736 à 1768, plus un 7me registre
> complémentaire formant les 25e et 26e livraisons de l'ouvrage
> et la table générale des noms de famille cités dans les six
> premiers registres de l'édition originale.
> Ensemble 11 vol. in-f° dem. mar. r. et 3 vol. brochés.

47. **Hozier (D').** « Les Noms, surnoms, qualitez, armes
et blasons des chevaliers et officiers de l'Ordre du
Saint-Esprit, creez par Louis le Juste, XIIIe du
nom, roy de France et de Navarre, à Fontainebleau
le 14 may 1633, etc,, le tout recueilly par le Sr
d'Hozier, gentilhomme ordinaire de la maison de Sa

Majesté ». *A Paris, chez Melchior Tavernier, graveur
et imprimeur du Roy pour les tailles-douces, etc.,
1634. Petit in-fº cart.*

> Titre et 3 planches des plus intéressantes gravées par
> A. BOSSE plus 59 pl. de blasons.

48. **Lucotte.** Recueil de planches sur les sciences, les
arts libéraux et les arts méchaniques avec leur
explication. *Paris, Briassou-Le Breton, 1769.* In-fº
cart.

> 25 pl. menuiserie en voitures, gravées par BERNARD d'après
> LUCOTTE. Ouvrage extrait du 7ᵉ vol. de l'Encyclopédie de
> Diderot et Dalembert.

49. **Mavelot (Ch.).** Nouveau livre de chiffres qui con-
tient en général tous les noms et surnoms entrelas-
sés par alphabet, etc., etc., 1680. Petit in-4º.

> 21 pièces représentant les chiffres des principaux person-
> nages du temps et 58 pièces de chiffres enlacés. Incomplet
> du titre.

50. **Menestrier.** La Nouvelle Méthode raisonnée du
blason, pour l'apprendre d'une manière aisée, etc.
A Lyon, chez les frères Bruyset, 1734. — Nouvelle
méthode raisonnée du blason ou l'Art héraldique du
Père Ménestrier, mise dans un meilleur et augmenté par M. L. *A Lyon, chez Pierre Bruyset Pontus,
1770.* 2 vol. in 8º veau f.

51. **Owen Jones.** Mille et une lettres initiales compo-
sées et enluminées. *Londres, Day et fils, 1864.* In-
fº cart.

> 36 feuilles enluminées avec des rehauts d'or et d'argent.

52. **Perrot (A.-M.).** Collection historique des ordres
de chevalerie civils et militaires éxistant chez les
différents peuples du monde, suivie d'un tableau
chronologique de tous les ordres éteints *Paris,
Aimé André*, 1820. In-4° demi-rel., 40 pl.

Exemplaire colorié.

53. **Perrot (M.-A.).** Collection historique des ordres
de chevalerie civils et militaires existant chez les
différents peuples du monde. Edition enrichie d'un
supplément contenant tous les ordres créés depuis
1820 jusqu'à nos jours, par L.-T. Fayalle. — Supplément de cet ouvrage. *Paris, chez P. Aillaud,
éditeur, quai Voltaire, n° 11, 1846.* 2 vol. in-4°
brochés, non rognés.

Exemplaire en noir.

54. **Plumier (L.-P.-C.).** L'Art de tourner ou de faire
en perfection toutes sortes d'ouvrages de tour.
Paris, chez Ch. Ant. Jombert, 1749. In-f° veau pl.
avec 80 pl.

55. **Renoi (H.).** Chiffres de Louis XIV, 68 pl. — Chif-
res et monogrammes, 70 pl. 2 vol. in-4° demi-rel.

56. **Roubo (A.-J.).** Voitures en tous genres. Suite de
49 pièces extraites de l'Encyclopédie.

En feuilles.

57. **Secoing (Ch.).** « Armorial universel contenant les
armes des principales maisons, estatz et dignitez

des plus considérables Royaumes de l'Europe, etc.,
corrigé et mis en ordre. » *Paris, Nic. de Sercy,
1654*. In-4° mar. r. fil. tr. dor. (Rel. anc. fat.)

> Titre, 8 feuilles de texte et 184 pl. la plupart gravées par
> NOLIN. A la suite de cet ouvrage : « *Les Noms et surnoms et
> armes de Nosseigneurs du grand conseil du Roy* », titre et
> 9 planches ; la dernière représente l'Empire de la Mort.

58. **Siebmacher** (**J**.). « Das Grosse und voll stændige,
anfangs siebmacherische, hernacher Fürtische und
Helmerische, nun aber Weigelische Wappenbuch
in 6 Theilen, mit einer vorr, von J. D. Kœhler. »
Nurnb, Weigel, 1734. 6 vol. in-f°. — Supplément,
12 parties en 2 vol. in-f°. Ensemble 8 vol. in-f° re-
liés en 6.

> Grand ouvrage héraldique contenant 1,351 planches.
> (Incomplet de la 12ᵉ partie du supplément.)

59. **Silvestre** (**J.-B.**). Alphabet-Album. Collection de
60 feuilles d'alphabets historiés et fleuronnés. *Paris, chez J. Techner*, 1843. In-f° demi-rel.

60. TRAITÉ DES VOITURES pour servir de supplément au
nouveau parfait Maréchal avec la construction
d'une berline nouvelle nommée l'Inversable. *A
Paris chez Leclerc, Librairie Grand'salle du Palais
à la Prudence*, 1756, in-4°, veau f.

> 18 planches.

61. TRAITÉ DE LA POLICE où l'on trouvera l'histoire de son
établissement..... on y a joint une description historique et topographique de Paris. *A Paris chez*

Jean et Pierre Cot. Fr. Hérissant, 1705-1738, 4 vol. in-f°, veau br.

52

62. **Verrien.** Recueil d'emblèmes, devises, médailles et figures hiéroglyphiques, etc. *Paris chez Claude Jombert..... 1724,* in-8, veau f.

8.50

63. « The Carriage Builders and Harness Makers ! Art Journal. » *London,* 1859-1862, 3 vol. de texte et 3 vol. de pl., in-f° dont un grand nombre de coloriées.

5 D.

64. « Peerage and Baronetage, 2 vol. par Burke. — Introduction to Heraldry, par Clark. — Chiffre et armes, 4 vol. in-8.

MODÈLES D'ARMOIRIES
DE HOUSSES

170 D
+180 D

65. Collection de douze armoiries de housses en bronze ciselé et doré appliquées sur deux panneaux laqués.

Pourra être divisé.

90

66. Armoiries de la maison d'Autriche en bronze ciselé et doré.

100 D

67. Armoiries semblables aux précédentes.

68. Armoiries aux armes de Napoléon III en bronze ciselé et doré.

69. Armoiries semblables aux précédentes.

70. Armoiries aux armes d'Angleterre en bronze ciselé et doré.

71. Armoiries aux armes des Pays-Bas en bronze ciselé et doré.

72. Armoiries du duc de M.... en bronze ciselé et doré.
      (Avant 1862).

73. Armoiries du comte de V... en bronze ciselé et doré.

74. Armoiries de housse en bronze ciselé aux armes de M. de N... appliquées sur fond de velours noir.
      Cadre rond en noyer.

75. Armoiries de Maréchal en bronze ciselé et doré surmontées d'une couronne comtale.

76. Armoiries du maréchal de M... en bronze ciselé et argenté rehaussées de couleur.

77. Armoiries aux armes du Sultan en bronze ciselé et doré.

78. Ecusson armorié surmonté d'un casque empenné au milieu de rinceaux ; chiffre central : A. C., bronze ciselé et doré.

79. Ecusson impérial en bronze finement ciselé et doré.

80. Armoiries au chiffre de Mustapha Fazil, en bronze ciselé et doré.

81. Deux petits écussons de harnais aux mêmes armes.

82. Deux poignées de portières, en bronze ciselé avec armoiries au centre.

83. Deux écussons au chiffre A. D. au milieu du grand cordon de la Légion d'Honneur, bronze ciselé et doré.

84. Deux écussons armoriés rehaussés de couleur surmontés de couronnes comtales, en bronze ciselé et doré.

85. Deux écussons en bronze argenté aux armes de N.

86. Armoiries de housses au chiffre T. V. entouré de trophées et surmontées d'un casque circassien en bronze ciselé et doré.

87. Collection de sept couronnes princières turques, en bronze ciselé et doré.

88. Collection de trois couronnes princières, en cuivre repoussé et doré.

89. Collection de quatre petites couronnes princières, en cuivre repoussé et doré.

90. Collection de cinq couronnes ducales, en cuivre
repoussé et doré.

91. Collection de sept couronnes de comte, en bronze
argenté.

92. Collection de six couronnes comtales, en cuivre
repoussé.

93. Deux chapiteaux de lanternes, en bronze ciselé et
argenté, provenant des voitures du comte de Ch.

94. Collection de modèles de boutons de couvertures, de
chiffres et d'ornements divers en métal.

MODÈLES D'ARMOIRIES PEINTES

95. Armoiries de l'empereur Frédéric III.
     Peinture sur carton.

96. Panneau de portière laqué, décoré des mêmes
armoiries.

97. Panneau de voitures aux armes impériales d'Autriche.
     Encadré.

98. Panneau rond aux armoiries de M. de N.

> Cadre en chêne.

99. Panneau de voiture décoré aux armes du duc de M.

> (Postérieures à 1862).

100. Panneau de voiture décoré d'armoiries peintes.

101. Deux panneaux peints, collection de chiffres et d'armoiries divers.

> Cadre en chêne.

102. Petit panneau au chiffre D. D. surmonté d'une couronne.

103. Petit panneau décoré d'un écusson armorié, surmonté d'une couronne.

104. Petit panneau décoré des deux mêmes armoiries en deux tons.

105. Petit panneau aux armes de Mustapha Pacha.

106. Panneau aux armes de Mme M.

107. Petit panneau décoré d'un double écusson armorié, surmonté d'une couronne comtale.

108. Panneau de voiture aux armes de M. de la G.

109. Lot de huit petits panneaux armoriés et chiffrés.